Inhaltsverzeichnis

A. Vorbemerkung

Eine Reihe neuer gesetzlicher Regelungen und höchstrichterlicher Entscheidungen führten zu wesentlichen Änderungen gegenüber der Vorauflage dieses „Heidelberger Mustervertrages“. Das Handelsrechtsreformgesetz vom 22. Juni 1998 (BGBl. I S. 1474) eröffnete für Kleingewerbetreibende die Möglichkeit, ihre Tätigkeiten in Form einer Personenhandelsgesellschaft (offene Handelsgesellschaft – OHG – oder Kommanditgesellschaft – KG –) auszuüben. Dennoch zeigte sich, dass die Gesellschaft bürgerlichen Rechts (GbR) bei Handwerkern und sonstigen Gewerbetreibenden nach wie vor verbreitet ist. In diesem Heft werden Gesellschaftsverträge einer GbR aus dem gewerblichen Bereich behandelt und zweckmäßige Regelungen aufgezeigt.

Jeder Benutzer dieses Heftes wird die einzelnen Bestimmungen der Muster nicht schablonenhaft in seinen Gesellschaftsvertrag übertragen können. Er wird sie vielmehr eingehend überprüfen und ggf. individuell abändern müssen. Auch die steuerliche Seite sollte bereits bei der Gründung beachtet werden. Die zukünftigen Gesellschafter sollten sich vor der Errichtung eines Gesellschaftsvertrages einer GbR stets von einem Rechtsanwalt oder Notar beraten lassen und zur Berücksichtigung der steuerlichen Aspekte einen Steuerfachmann beiziehen.

Zunächst erfolgt ein kurzer Überblick über die Gesellschaft bürgerlichen Rechts im Sinne der §§ 705 ff. BGB. In den anschließenden Mustern für Gesellschaftsverträge einer GbR zwischen zwei, drei und vier Personen werden unterschiedliche, in der Praxis häufig anzutreffende Gestaltungen aufgezeigt. Im Anschluss an die Muster werden Erläuterungen zu den einzelnen Bestimmungen der Gesellschaftsverträge gegeben, die einerseits die Grenzen der Gestaltung aufzeigen, andererseits jedoch weitere Anregungen zur Modifikation der einzelnen Gesellschaftsvertragsbestimmungen enthalten. Es folgt das Muster eines Schiedsvertrages, wie er stets empfohlen wird, mit entsprechenden Erläuterungen. Das Heft beschließen steuerliche Hinweise und das Literaturverzeichnis.

B. Die Gesellschaft bürgerlichen Rechts (GbR)

1. Rechtsnatur und Wesen

Die Gesellschaft bürgerlichen Rechts (GbR) stellt die Grundform der Personengesellschaft dar. Diese entsteht durch Vertrag gemäß § 705 BGB. Der Vertrag ist nicht auf den Austausch von Leistungen gerichtet. Vielmehr verpflichten sich mindestens zwei oder mehrere Personen gegenseitig, einen gemeinsamen Zweck zu verfolgen und diesen durch Leistung der vereinbarten Beiträge zu fördern. Eine Einmann-GbR gibt es nicht. Der Wegfall aller Gesellschafter bis auf einen führt zur Beendigung der Gesellschaft.

Das Gesellschaftsverhältnis ist das Schuldverhältnis zwischen jedem Gesellschafter und der Gesellschaft sowie unter den Gesellschaftern. Gleichzeitig enthält das Gesellschaftsverhältnis meist auch eine Organisationsregelung. Das ist die Zuständigkeitenverteilung hinsichtlich der Geschäftsführung (§§ 709 bis 713 BGB) und der organschaftlichen Vertretung (§§ 714, 715 BGB) sowie die Regelung über die Art und Weise der Willensbildung der Gesellschafter.

Das Gesellschaftsverhältnis, das mit Abschluss des Gesellschaftsvertrages entsteht, ist Grundlage der Treupflicht. Diese gesellschaftsrechtliche Treupflicht im Sinne einer sich aus § 705 BGB ergebenden mitgliedschaftlichen Förderpflicht ist Hauptpflicht jedes einzelnen Gesellschafters. Sie äußert sich in der Pflicht gegenüber der Gesellschaft, deren Interessen wahrzunehmen, schädigende Einflüsse von ihr fernzuhalten oder auf solche aufmerksam zu machen und gesellschaftsschädigende Handlungen zu unterlassen. Ein Verstoss liegt zum Beispiel beim Verrat von Betriebs- und Geschäftsgeheimnissen vor. Ferner verlangt die Treupflicht von der Gesamthand und den Mitgesellschaftern, die mitgliedschaftlichen Belange einzelner Gesellschafter insoweit zu berücksichtigen, als dies die Zusammenarbeit oder der Gesellschaftszweck erfordern (*Ulmer*, § 705 Rn. 181 f.).

Dem Gesellschaftsverhältnis entspringt ferner die Pflicht zur gleichmäßigen Behandlung der Gesellschafter. Diese Pflicht ist bei der Auslegung und Ergänzung des Gesellschaftsvertrages sowie bei der Vertragsanpassung und Vertragsänderung zu berücksichtigen (*Ulmer*, § 705 Rn. 199 f.).

2. Rechts- und Parteifähigkeit

Der Bundesgerichtshof hat in dem Grundlagenurteil vom 29. 1. 2001 (BGH BB 2001, 347 = NJW 2001, 1056; vgl. dazu auch *Habersack*, BB

2001, 477) entschieden, daß die GbR Rechtsfähigkeit besitzt, soweit sie – als Außengesellschaft – durch Teilnahme am Rechtsverkehr eigene Rechte und Pflichten begründet. Die GbR ist jedoch keine juristische Person. Als Teilnehmer im Rechtsverkehr nimmt sie grundsätzlich jede Rechtsposition ein, soweit nicht spezielle rechtliche Gesichtspunkte entgegenstehen. Mithin kann die GbR Mitglied einer juristischen Person, einer GmbH, einer Genossenschaft oder einer anderen GbR sein. Unter ihrem Namen kann sie Schecks und Wechsel ausstellen, bürgen und Inhaberin einer Marke sein. Die GbR ist insolvenzfähig (§ 11 Abs. 2 Nr. 1 InsO).

Im Grundbuch und im Handelsregister kann die GbR ohne zusätzliche Angaben nicht unter ihrem Namen eingetragen werden. Der Schutz des Publikums überwiegt. Die Grundbuchklarheit verlangt – wie bisher –, die Gesellschafter der GbR unter Angabe des Gemeinschaftsverhältnisses gemäß § 47 GBO einzutragen. Änderungen im Gesellschafterbestand machen das Grundbuch unrichtig und sind zu berichtigen (*Demharter*, § 19 GBO Rn. 108).

Der BGH (BB 2001, 1966 ff. mit BB-Kommentar *Elsing*, BB 2001, 2338 ff.) hat anerkannt, dass die GbR Kommanditistin einer Kommanditgesellschaft sein kann. Neben der GbR als solcher sind auch die ihr zum Zeitpunkt ihres Beitritts angehörenden Gesellschafter mit Namen, Geburtstag und Wohnort (entsprechend §§ 162 Abs. 3, 106 Abs. 2 HGB) zur Eintragung in das Handelsregister anzumelden. Dies gilt auch bei jedem Gesellschafterwechsel innerhalb der GbR.

Die GbR kann ihre Rechte, vertreten durch den oder die jeweils geschäftsführenden Gesellschafter, vor Gericht als Klägerin selbst geltend machen (aktive Parteifähigkeit). Die GbR kann auf die Erfüllung ihrer Pflichten vor Gericht verklagt werden (passive Parteifähigkeit).

3. Gesellschaftsvermögen und Gesellschaftsschulden

Um den Gesellschaftszweck zu verwirklichen, wird in der Regel gemeinschaftliches Vermögen der Gesellschafter gebildet (§ 718 BGB). Eine notwendige Voraussetzung ist dies nicht. Dieses gemeinschaftliche Vermögen ist vom übrigen Vermögen der Gesellschafter getrennt und steht diesen zur Gesamthand zu. Für die Einbringung von Gegenständen in das Gesellschaftsvermögen ist deren Übereignung bzw. Übertragung erforderlich. Grundstücke sind aufzulassen. Gesellschaftsschulden sind die Verbindlichkeiten, für die Gesellschaft einzustehen hat. Sie werden bei der Gewinn- und Verlustverteilung gemäß § 721 BGB berücksichtigt. Bei der Auseinandersetzung sind die Gesellschaftsschulden aus dem Gesellschaftsvermögen zu decken (§ 733 BGB).

4. Haftung der Gesellschafter

Die Gesellschafter einer GbR haften persönlich mit ihrem privaten Vermögen für vertragliche Verbindlichkeiten der Gesellschaft in ihrem jeweiligen Bestand, die während ihrer Zugehörigkeit zu der Gesellschaft begründet wurden. Die Haftung der Gesellschafter einer wirtschaftlich tätigen GbR gestaltet sich insoweit ähnlich derjenigen einer offenen Handelsgesellschaft. Die den §§ 128 ff HGB entsprechende akzessorische Gesellschafterhaftung für Gesellschaftsverbindlichkeiten schließt auch die Haftung eintretender Gesellschafter für Altverbindlichkeiten ein. In Zukunft sind Gesellschaftsprozess und Gesellschafterprozess streng zu trennen. Zur Vollstreckung in das Gesellschaftsvermögen genügt ein Urteil oder ein sonstiger Vollstreckungstitel gegen die Gesellschaft. Wer in das Privatvermögen eines Gesellschafters vollstrecken will, muss ein Urteil gegen diesen Gesellschafter persönlich erwirken. § 736 ZPO ist künftig so zu lesen, dass ein gegen die Gesellschaft oder gegen alle Gesellschafter gerichteter Titel für die Vollstreckung in das Gesellschaftsvermögen ausreicht, im letzten Fall jedoch nur ein auf eine Gesellschaftsverbindlichkeit gestützter Titel (*Karsten Schmidt*, NJW 2001, 1003). Daneben kann mit dem Titel gegen alle Gesellschafter auch in deren Privatvermögen vollstreckt werden (*Thomas/Putzo*, § 736 ZPO Rn. 2).

5. Gesellschaftsvertrag

a) Form

Der Gesellschaftsvertrag, einschließlich des Vorvertrages, ist formlos gültig. Er kann auch durch schlüssiges Verhalten zustande kommen. Es empfiehlt sich, die Erklärungen der Gesellschafter schriftlich festzuhalten. Die Schriftform schützt vor übereilten Erklärungen und dient der Eindeutigkeit und Beweissicherung.

Eine Formbedürftigkeit (z. B. notarielle Beurkundung) kann sich jedoch nach §§ 313, 518 BGB ergeben. Dies gilt für die Verpflichtung, das Eigentum an einem Grundstück zu übertragen oder zu erwerben; dies gilt ferner beim Schenkungsversprechen auf eine unentgeltliche Beteiligung an einer Innengesellschaft.

b) Inhalt

Notwendige Bestandteile des Gesellschaftsvertrages einer GbR sind die Vereinbarungen über den zu verfolgenden Gesellschaftszweck und über die Pflichten, diesen gemeinsamen Zweck in bestimmter Weise zu fördern.

Hierbei sind die zwingenden Vorschriften der §§ 705, 712, 716 Abs. 2, 719 Abs. 1, 723 Abs. 3, 724 Satz 1, 725 Abs. 1 und 738 Abs. 1 Satz 1 BGB zu beachten. Im Übrigen sind die gesetzlichen Vorschriften abdingbar, die §§ 712 Abs. 2 und 728 BGB nur mit Einschränkungen. Die Gesellschafter können nach dem Grundsatz der Vertragsfreiheit den Gesellschaftsvertrag inhaltlich selbst ausgestalten. Der Gesellschaftsvertrag und die späteren Beschlüsse der Gesellschafter haben grundsätzlich Vorrang gegenüber den dispositiven gesetzlichen Vorschriften.

Nicht notwendige, aber empfehlenswerte weitere Bestandteile des Gesellschaftsvertrages sind Vereinbarungen über Geschäftsführung und Vertretung, Beschlussfassung, Stimmrecht, Gewinnverteilung, Gesellschafterwechsel, Erbfolge, Auseinandersetzung und Auflösung. Fehlen solche Vertragsbestimmungen, sind sie gem. §§ 705 ff. BGB oder durch ergänzende Vertragsauslegung zu ermitteln.

C. Gesellschaftsvertrags-Muster

1. Vertrag mit zwei Gesellschaftern, personalistisch ausgestaltet

Sachverhalt

Josef Schneider hat seine Prüfung als Buchdruckermeister mit Erfolg bestanden und will sich selbstständig machen. Zusammen mit dem Verlagskaufmann Karl Lehmann will er eine kleine Druckerei betreiben. Beide verfügen nur über ein geringes Anfangskapital, so dass die Gründung einer Gesellschaft mit beschränkter Haftung ausscheidet. Der Druckereibetrieb erfordert nach Art und Umfang nicht einen in kaufmännischer Weise eingerichteten Geschäftsbetrieb. Das Unternehmen ist im Handelsregister nicht eingetragen und soll auch nicht eingetragen werden. Damit entfällt für ihren Zusammenschluss die Rechtsform der offenen Handelsgesellschaft und Kommanditgesellschaft. Sie können nur eine Gesellschaft des bürgerlichen Rechts gründen.

Gesellschaftsvertrag

§ 1 Name und Ort

(1) Herr Josef Schneider und Herr Karl Lehmann errichten unter dem Namen „Druckerei Josef Schneider und Karl Lehmann GbR" eine Gesellschaft des bürgerlichen Rechts.

(2) Der Druckereibetrieb liegt in Heidelberg, Hauptstr. 63.

§ 2 Zweck der Gesellschaft

Zweck der Gesellschaft ist der gemeinsame Betrieb einer Druckerei.

§ 3 Geschäftsjahr, Beginn und Dauer

(1) Das Geschäftsjahr ist das Kalenderjahr.

(2) Die Gesellschaft beginnt ihre Geschäfte am 1. April 20... Sie wird auf unbestimmte Zeit eingegangen und kann zum Schluss eines Geschäftsjahres mit einer Frist von sechs Monaten gekündigt werden.

§ 4 Beiträge/Einlagen

(1) Herr Schneider bringt in die Gesellschaft eine Druckmaschine und drei Handpressen verschiedener Größe ein. Diese Gegenstände, die einen

Gesamtwert von EURO 10000,– besitzen, werden der Gesellschaft zum unentgeltlichen Gebrauch überlassen.

(2) Herr Lehmann leistet eine Bareinlage von EURO 10000,–.

(3) Die Gesellschafter sind verpflichtet, ihre volle Arbeitskraft der Gesellschaft zur Verfügung zu stellen.

§ 5 Geschäftsführung und Vertretung/Haftung

(1) Zur Führung der Geschäfte ist jeder Gesellschafter allein berechtigt und verpflichtet.

(2) Jeder Gesellschafter kann die Gesellschaft Dritten gegenüber allein vertreten.

(3) Gegenüber Dritten obliegen den Gesellschaftern gemeinsam die Haftung und die Gewährung für die von der Gesellschaft übernommenen und erbrachten Leistungen. Im Innenverhältnis haften die Gesellschafter bei leichter Fahrlässigkeit im Verhältnis ihrer Gewinn- und Verlustbeteiligung. Bei vorsätzlicher oder grob fahrlässiger Schädigung haftet der Schadensverursacher allein.

§ 6 Beschlüsse/Stimmrecht

(1) Die Gesellschafter entscheiden über die Angelegenheiten der Gesellschaft durch Beschlüsse.

(2) Die Gesellschaftsbeschlüsse erfolgen einstimmig.

§ 7 Buchführung/Bilanzierung

(1) Die Gesellschaft ist verpflichtet, gemäß den steuerrechtlichen Vorschriften die Geschäftsvorfälle aufzuzeichnen und die Geschäftsbücher aufzubewahren.

(2) Die Gesellschaft hat ferner innerhalb von drei Monaten nach Ablauf eines Geschäftsjahres die Jahresabschlüsse in Form von Steuerbilanzen aufzustellen und festzustellen.

(3) Die Gesellschaft hat einen Steuerberater oder Wirtschaftsprüfer zu beauftragen, die vorstehenden Buchführungs- und Bilanzierungspflichten zu erfüllen. Dieser stellt die Steuerbilanzen für die Gesellschafter verbindlich fest.

§ 8 Einnahmen und Ausgaben

(1) Zu den Einnahmen der Gesellschaft gehören alle Einkünfte der Gesellschafter aus ihrer beruflichen Tätigkeit.

(2) Zu den Ausgaben der Gesellschaft gehören insbesondere die Personalkosten, die Aufwendungen für die Instandhaltung und Erneuerung des Inventars sowie die Versicherungsprämien.

§ 9 Tätigkeitsvergütung

Jeder Gesellschafter erhält für seine Tätigkeit in der Gesellschaft eine feste monatliche Vergütung von EURO 2 000,–, die jeweils im voraus zahlbar ist. Diese monatliche Vergütung kann entnommen werden, unabhängig davon, ob ein Gewinn erzielt wurde oder nicht.

§ 10 Entnahmen/Rücklagen

(1) Jeder Gesellschafter ist zu Entnahmen berechtigt, die notwendig sind, um die auf seine Beteiligung entfallenden Steuern einschließlich Steuervorauszahlungen zu leisten.

(2) Eine gemeinschaftliche Rücklage wird nicht gebildet.

§ 11 Gewinn und Verlust

Jeder Gesellschafter hat den gleichen Anteil am Gewinn und Verlust, nachdem die in § 9 aufgeführte Tätigkeitsvergütung abgezogen wurde.

§ 12 Informations- und Kontrollrecht

(1) Jeder Gesellschafter ist berechtigt, sich von den Angelegenheiten der Gesellschaft persönlich zu unterrichten, die Geschäftsbücher und die Papiere der Gesellschaft einzusehen und sich aus ihnen eine Übersicht über den Stand des Gesellschaftsvermögens anzufertigen.

(2) Jeder Gesellschafter ist berechtigt, zur Wahrnehmung dieser Rechte einen Rechtsanwalt, Steuerberater oder eine sonstige zur Berufsverschwiegenheit verpflichtete Person auf seine Kosten zu beauftragen.

§ 13 Wettbewerbsverbot

(1) Jedem Gesellschafter ist es untersagt, unmittelbar oder mittelbar auf dem Geschäftsgebiet der Gesellschaft Geschäfte zu betreiben und abzuschließen oder der Gesellschaft auf andere Weise Konkurrenz zu machen.

(2) Für jeden Fall der schuldhaften Zuwiderhandlung wird eine Vertragsstrafe von EURO 3 000,– vereinbart.

§ 14 Urlaub und Erkrankung

(1) Jeder Gesellschafter hat Anspruch auf einen Urlaub von jährlich sechs Wochen. Er kann geteilt genommen werden.

(2) Jeder Gesellschafter hat das Recht, zusätzlich an beruflichen Fortbildungsveranstaltungen von jährlich zwei Wochen teilzunehmen.

(3) Kann ein Gesellschafter infolge Erkrankung seine Arbeitskraft der Gesellschaft nicht zur Verfügung stellen, bleibt dessen Gewinnbeteiligung auf die Dauer von drei Monaten, beginnend mit dem ersten des auf die Erkrankung folgenden Monats, bestehen. Nach Ablauf der drei Monate verringert sich der Gewinnanteil um je zehn Prozent monatlich, bis die Gewinnbeteiligung auf die Dauer der Erkrankung erloschen ist.

§ 15 Abtretung und sonstige Verfügungen

Die Übertragung des Geschäftsanteils ist ausgeschlossen.

§ 16 Kündigung und Ausschluss

(1) Der Gesellschaftsvertrag kann von jedem Gesellschafter mit einer Frist von sechs Monaten zum Ende eines Kalenderjahres gekündigt werden.

(2) Ein Gesellschafter kann aus wichtigem Grund aus der Gesellschaft ausgeschlossen werden. Ein solcher Grund liegt vor, wenn bei einem Gesellschafter dauernde Arbeitsunfähigkeit eingetreten ist.

§ 17 Tod eines Gesellschafters

(1) Beim Tod eines Gesellschafters wird die Gesellschaft nicht aufgelöst, sondern mit dem seiner leiblichen Abkömmling als Nachfolger fortgesetzt, den der verstorbene Gesellschafter in seiner letztwilligen Verfügung als Nachfolger ausdrücklich bestimmt hat. Auf den als Nachfolger eintretenden Gesellschafter gehen alle Rechte und Pflichten des Verstorbenen mit Ausnahme der Geschäftsführung und Vertretung über; diese steht dem überlebenden Gesellschafter allein zu.

(2) Die von der Nachfolge ausgeschlossenen Erben haben gegen die Gesellschaft keine Abfindungsansprüche.

§ 18 Ausscheiden eines Gesellschafters/Übernahmerecht

(1) Kündigt ein Gesellschafter, wird er aus der Gesellschaft ausgeschlossen, stirbt ein Gesellschafter, ohne leibliche Abkömmlinge zu hinterlassen, oder tritt in seiner Person ein Grund ein, der nach dem Gesetz die Auflösung der Gesellschaft zur Folge haben wird, ist der andere Gesellschafter

zur Übernahme des Gesellschaftsvermögens mit allen Aktiven und Passiven – ohne Liquidation – berechtigt. Diese Übernahme ist dem anderen Gesellschafter oder dessen Erben gegenüber binnen eines Monats nach Eintritt des Auflösungsgrundes zu erklären.

(2) Wird die Übernahme nicht oder nicht rechtzeitig erklärt, ist die Gesellschaft aufgelöst und zu liquidieren.

(3) Scheiden beide Gesellschafter zum gleichen Zeitpunkt aus, wird die Gesellschaft aufgelöst.

§ 19 Abfindung

Im Fall der Ausübung des Übernahmerechts erhalten der ausscheidende Gesellschafter oder dessen Erben eine Abfindung. Diese Abfindung ergibt sich aus der Abfindungsbilanz, die auf den Tag des Ausscheidens auszustellen ist. Hierbei sind sämtliche Gegenstände mit ihren Verkehrswerten einzusetzen. Der Abfindungsbetrag ist innerhalb vier Monaten nach dem Tag des Ausscheidens auszuzahlen. Im Streitfall beginnt die Viermonatsfrist mit der Verkündung des Schiedsspruchs.

§ 20 Schriftform

Änderungen und Ergänzungen des Gesellschaftsvertrages bedürfen der Schriftform.

§ 21 Salvatorische Klausel

(1) Sollten Bestimmungen dieses Vertrages ganz oder teilweise nicht rechtswirksam oder nicht durchführbar sein oder werden, soll dadurch die Gültigkeit der übrigen Bestimmungen des Vertrages nicht berührt werden. Enthält dieser Vertrag eine Regelungslücke, gilt das gleiche.

(2) Anstelle der unwirksamen oder undurchführbaren Bestimmungen oder zur Ausfüllung der Lücke soll eine angemessene Regelung gelten, die dem Willen der Gesellschafter sowie dem Sinn und Zweck des Vertrages entsprechen würde, sofern die Gesellschafter bei dem Abschluss des Vertrages den Punkt bedacht hätten.

(3) Im Übrigen gelten die Bestimmungen der §§ 705 ff. BGB.

§ 22 Schiedsgericht

(1) Über etwaige Streitigkeiten aus diesem Gesellschaftsvertrag und über seine Wirksamkeit entscheidet ein Schiedsgericht.

(2) Der Schiedsvertrag wird in einer besonderen Urkunde geregelt, die dem Gesellschaftsvertrag als Anlage beigefügt ist.

Heidelberg, den .....

Josef Schneider Karl Lehmann

2. Vertrag mit drei Gesellschaftern, teilweise kapitalistisch ausgestaltet

Sachverhalt

Katrin Strick, Lisa Nadel und Eva Hübsch werden ein kleines Wollgeschäft eröffnen, in dem sie vor allem verschiedene Wollen und Waren aus Wolle sowie alle damit zusammenhängenden Gegenstände zum Verkauf anbieten. Katrin ist Einzelhandelskauffrau; sie ist verheiratet und hat ein vierjähriges Kind. Wegen des Kindes hat sie ihre ursprüngliche Arbeitsstelle aufgegeben. Lisa Nadel ist zur Zeit Verkäuferin in einem Kaufhaus. Eva Hübsch ist Auszubildende in einem Textilgeschäft. Alle wollen ihre Einkünfte erhöhen. Die Gründung einer offenen Handelsgesellschaft oder Kommanditgesellschaft und eine Eintragung in das Handelsregister wird nicht beabsichtigt. Dies folgt einmal aus den geringen Einlagen der Gesellschaft und der geringen Tätigkeitsvergütung für Katrin Strick. Offensichtlich wird zunächst nur ein kleiner Gewinn erwartet. Schließlich ist die Beschäftigung von Angestellten nicht geplant. Mangels genügenden Anfangskapitals scheidet die Gründung einer GmbH aus. So bleibt bei dieser Erwerbsgesellschaft nur der Zusammenschluss als Gesellschaft des bürgerlichen Rechts.

Da die beitragsmäßige Beteiligung und die Qualität der Mitarbeit der Gesellschafter unterschiedlich sind, wurde der Inhalt des Gesellschaftsvertrages in Richtung einer kapitalistischen Gestaltung verändert.

Gesellschaftsvertrag

§ 1 Name und Ort

(1) Katrin Strick, Lisa Nadel und Eva Hübsch gründen eine Gesellschaft des bürgerlichen Rechts.

(2) Der Name der Gesellschaft mit Bezeichnung des Ladengeschäfts lautet: „Katrins Wollstube – Katrin Strick, Lisa Nadel und Eva Hübsch GbR“.

(3) Das Einzelhandelsgeschäft liegt in Heidelberg, Kurfürsten-Anlage 13.

§ 2 Zweck der Gesellschaft

Zweck der Gesellschaft ist der Einzelhandel mit Wolle und Waren aus Wolle, ohne dass diese noch bearbeitet und verarbeitet werden, sowie die Vornahme aller diesen Zweck förderlichen Maßnahmen und Rechtsgeschäfte.

§ 3 Geschäftsjahr, Beginn und Dauer

(1) Das Geschäftsjahr ist das Kalenderjahr.

(2) Die Gesellschaft beginnt am 1. Juni 20... Sie ist auf unbestimmte Zeit eingegangen.

§ 4 Beiträge und Einlagen

(1) Die Gesellschafter haben folgende Bareinlagen zu leisten:

Katrin Strick	EURO 10 000,–
Lisa Nadel	EURO 5 000,–
Eva Hübsch	EURO 5 000,–

Diese Einlagen sind am 1. Juni 20... auf das Konto der Gesellschaft bei der Heidelberger Volksbank eG in Heidelberg zu zahlen.

(2) Katrin Strick ist verpflichtet, der Gesellschaft ihre volle Arbeitskraft zur Verfügung zu stellen. Lisa Nadel und Eva Hübsch arbeiten nur aushilfsweise im Ladengeschäft mit. Lisa Nadel hat das Recht, bis auf weiteres ihrer bisherigen Arbeit als Verkäuferin im Kaufhaus H. nachzugehen. Eva Hübsch hat das Recht, ihre Ausbildung als Modedesignerin abzuschließen. Wenn es die Ertragslage des Geschäfts zuläßt, werden Lisa Nadel und Eva Hübsch ebenfalls ihre volle Arbeitskraft einbringen.

(3) Nebentätigkeiten eines Gesellschafters sind nur mit Zustimmung der anderen Gesellschafter zulässig.

§ 5 Geschäftsführung und Vertretung/Haftung

(1) Katrin Strick ist allein zur Geschäftsführung berechtigt und verpflichtet.

Lisa Nadel und Eva Hübsch haben dieses Recht während ihrer aushilfsweisen Mitarbeit nicht. Sie haben aber ein Widerspruchsrecht bzgl. einzelner Geschäfte.

(2) Katrin Strick ist für den Einkauf und Verkauf allein vertretungsberechtigt, solange die übrigen Gesellschafter ihre volle Arbeitskraft noch nicht einbringen. Für alle sonstigen Geschäfte sind die Gesellschafter nur gemeinschaftlich zur Vertretung berechtigt und verpflichtet.

(3) Ab dem Zeitpunkt, ab dem auch Lisa Nadel und Eva Hübsch jeweils ihre volle Arbeitskraft einbringen, ist jeder Gesellschafter zur Geschäftsführung und Vertretung gemeinschaftlich berechtigt und verpflichtet, soweit die Gesellschafter im Einzelfall nicht eine abweichende Regelung treffen.

(4) Die Geschäftsführungs- und Vertretungsbefugnis bezieht sich nur auf das Gesellschaftsvermögen. Die geschäftsführenden Gesellschafter sind verpflichtet, bei jedem Rechtsgeschäft auf die Beschränkung ihrer Vertretungsmacht hinzuweisen und Rechtsgeschäfte nur unter Beschränkung der Haftung auf das Gesellschaftsvermögen abzuschließen.

§ 6 Beschlüsse/Stimmrecht

(1) Die Gesellschafter entscheiden über die Angelegenheiten der Gesellschaft durch Beschlüsse.

(2) Die Beschlüsse bedürfen der Zustimmung aller Gesellschafter.

§ 7 Buchführung/Bilanzierung

(1) Die Gesellschaft hat unter Beachtung der steuerlichen Vorschriften Bücher zu führen und jährliche Abschlüsse in Form von Steuerbilanzen zu erstellen. Diese Steuerbilanzen sind für die Rechtsverhältnisse unter den Gesellschaftern maßgebend.

(2) Die Bilanzen sind innerhalb von drei Monaten nach Ablauf eines Geschäftsjahres aufzustellen und festzustellen.

(3) Mit der Erfüllung der Buchführungs- und Bilanzierungspflichten gemäß den Absätzen 1 und 2 ist ein Angehöriger der steuerberatenden Berufe zu beauftragen. Dieser stellt die Bilanzen für die Gesellschafter verbindlich fest.

§ 8 Einnahmen und Ausgaben

(1) Zu den Einnahmen der Gesellschaft gehören alle Einkünfte, die die Gesellschafter im Rahmen ihrer Tätigkeit in diesem Einzelhandelsgeschäft erzielen.

(2) Die Einkünfte der Lisa Nadel, die sie als Verkäuferin im Kaufhaus H. erzielt, sind keine Einnahmen der Gesellschaft. Das gleiche gilt für die finanziellen Zuwendungen, die Eva Hübsch als Auszubildende erhält.

(3) Zu den Ausgaben der Gesellschaft gehören insbesondere die Personalkosten, die Ladenmiete, die Versicherungsprämien und die Aufwendungen für das Inventar.

§ 9 Tätigkeitsvergütung

(1) Katrin Strick erhält für ihre Tätigkeit in der Gesellschaft eine feste monatliche Vergütung von EURO 1000,–. Diese steht ihr unabhängig vom Vorhandensein eines Gewinnes zu. Sie ist zum Ende eines jeden Monats, erstmals zum 30. 6. 20... zu zahlen.

(2) Wenn Lisa Nadel und Eva Hübsch jeweils ihre volle Arbeitskraft in die Gesellschaft einbringen, wird die Gesellschafterversammlung die Tätigkeitsvergütungen jeweils neu regeln.

§ 10 Entnahmen/Rücklagen

(1) Jeder Gesellschafter kann während des Geschäftsjahres zu Lasten seines Gewinnanteils diejenigen Beträge entnehmen, die zur Begleichung der auf seinen Geschäftsanteil entfallenden Steuern und Steuervorauszahlungen erforderlich sind.

(2) Die Gesellschafter können die Bildung von Rücklagen für jedes Geschäftsjahr beschließen. Für die Auflösung dieser Rücklagen bedarf es der Zustimmung aller Gesellschafter.

§ 11 Gewinn und Verlust

An dem Gewinn und Verlust, der nach Abzug der gem. § 9 entnommenen Tätigkeitsvergütungen verbleibt, sind die Gesellschafter Katrin Strick zu 1/2, Lisa Nadel und Eva Hübsch zu je 1/4 beteiligt.

§ 12 Informations- und Kontrollrecht

(1) Jeder Gesellschafter ist berechtigt, sich über die Angelegenheiten der Gesellschaft zu unterrichten, die Geschäftsbücher und die Papiere der Gesellschaft einzusehen und sich aus ihnen eine Übersicht über den Stand des Gesellschaftsvermögens anzufertigen.

(2) Jeder Gesellschafter kann einen Angehörigen der rechts- oder steuerberatenden Berufe, der zur beruflichen Verschwiegenheit verpflichtet ist, auf seine Kosten bei der Wahrnehmung seiner Rechte hinzuziehen oder allein hiermit beauftragen.

§ 13 Wettbewerbsverbot

Jedem Gesellschafter ist es untersagt, der Gesellschaft für eigene oder fremde Rechnung Konkurrenz zu machen oder sich an Konkurrenzunternehmen direkt oder indirekt zu beteiligen, soweit dieser Vertrag keine andere Regelung enthält.

§ 14 Urlaub und Erkrankung

(1) Jeder Gesellschafter hat Anspruch auf einen Jahresurlaub von sechs Wochen. Der Urlaub ist zwischen den Gesellschaftern abzustimmen.

(2) Kann Katrin Strick ihren Geschäftsführungspflichten nicht nachkommen, da sie krank oder in sonstiger Weise unverschuldet verhindert ist, hat sie den Anspruch auf Tätigkeitsvergütungen gem. § 9 nur für einen Zeitraum von sechs Wochen. Danach erlischt der Anspruch auf Tätigkeitsvergütung in vollem Umfang.

§ 15 Abtretung und sonstige Verfügungen

Nur mit vorheriger Zustimmung aller Gesellschafter können Gesellschaftsanteile an Dritte übertragen oder mit Rechten Dritter belastet werden.

§ 16 Kündigung und Ausschluss

(1) Jeder Gesellschafter kann die Gesellschaft unter Einhaltung einer Frist von sechs Monaten auf das Ende eines Kalenderjahres, erstmals zum 31. 12. 20. . . – per Einschreiben – kündigen. Der kündigende Gesellschafter scheidet aus der Gesellschaft aus; die übrigen Gesellschafter setzen die Gesellschaft fort.

(2) Das außerordentliche Kündigungsrecht der Gesellschafter bei Vorliegen eines wichtigen Grundes im Sinne des § 723 Abs. 1 Satz 2 BGB bleibt unberührt.

(3) Kündigen die verbleibenden Gesellschafter beim Vorliegen eines wichtigen Grundes nicht, können sie durch einseitige schriftliche Erklärung gegenüber dem anderen Gesellschafter diesen aus der Gesellschaft ausschließen.

§ 17 Tod eines Gesellschafters

(1) Durch den Tod der Katrin Strick wird die Gesellschaft aufgelöst.

(2) Durch den Tod eines anderen Gesellschafters wird die Gesellschaft nicht aufgelöst; die übrigen Gesellschafter setzen die Gesellschaft fort.

§ 18 Ausscheiden eines Gesellschafters/Übernahmerecht

(1) Falls ein Gesellschafter kündigt, falls er aus der Gesellschaft ausgeschlossen wird, falls ihm wegen Vorliegens eines wichtigen Grundes in seiner Person fristlos gekündigt wird oder falls im übrigen in seiner Person

ein Grund eintritt, der nach dem Gesetz die Auflösung der Gesellschaft zur Folge haben würde, scheidet dieser Gesellschafter aus der Gesellschaft aus. Die übrigen Gesellschafter setzen in diesem Fall die Gesellschaft fort.

(2) Sollte infolge Ausscheidens der übrigen Gesellschafter nur ein Gesellschafter übriggeblieben sein, hat dieser Gesellschafter die Wahl, ob er das Vermögen der Gesellschaft ohne Liquidation mit Aktiven und Passiven übernehmen oder ob er einen anderen von ihm zu bestimmenden Gesellschafter aufnehmen will. Die Wahl ist gegenüber dem zuletzt ausgeschiedenen Gesellschafter, im Falle des Todes eines Gesellschafters gegenüber dessen Erben schriftlich auszuüben. Die Erklärung ist binnen zwei Wochen nach Kenntnis des Auflösungsgrundes, spätestens aber innerhalb von sechs Wochen auszuüben.

Die Gesellschaft ist aufgelöst, wenn keine Erklärung abgegeben wird oder wenn der verbleibende Gesellschafter vor Ablauf der Frist die Auflösung ausdrücklich wählt.

§ 19 Abfindung

(1) Der ausscheidende Gesellschafter bzw. im Todesfall dessen Erben erhalten eine Abfindung. Diese beruht auf der Abfindungsbilanz, die auf den Stichtag des Ausscheidens aufzustellen ist. In dieser Abfindungsbilanz sind alle Vermögensgegenstände mit ihrem wirklichen Wert einzusetzen. An schwebenden Geschäften nimmt der ausscheidende Gesellschafter nicht teil.

(2) Das Abfindungsguthaben ist unverzinslich; es ist in drei gleichen Jahresraten zu bezahlen. Die erste Rate ist vier Wochen nach Feststellung der Abfindungsbilanz fällig.

(3) Entscheidet sich der verbleibende Gesellschafter für die Aufnahme eines neuen Gesellschafters anstelle des Ausscheidenden, ist die gesamte Abfindung am Tag des Eintritts des neuen Gesellschafters fällig. Hat der verbleibende Gesellschafter zunächst das Gesellschaftsvermögen mit allen Aktiven und Passiven übernommen und nimmt er noch vor Fälligkeit der letzten Abfindungsrate einen neuen Gesellschafter auf, ist das gesamte noch offenstehende Abfindungsguthaben am Tag des Eintritts des neuen Gesellschafters fällig.

§ 20 Schriftform

(1) Mündliche Vereinbarungen zu diesem Gesellschaftsvertrag sind unwirksam.

(2) Änderungen und/oder Ergänzungen dieses Vertrages bedürfen der Schriftform. Dies gilt auch für einen Verzicht auf dieses Schriftformerfordernis.

§ 21 Salvatorische Klausel

Sollte eine Bestimmung dieses Vertrages unwirksam sein oder werden oder der Vertrag eine Lücke enthalten, bleibt die Rechtswirksamkeit der übrigen Bestimmungen hiervon unberührt. Anstelle der unwirksamen Bestimmung gilt eine wirksame Bestimmung als vereinbart, die dem von den Gesellschaftern gewollten wirtschaftlichen Zweck am nächsten kommt. Das gleiche gilt im Falle einer Lücke.

§ 22 Schiedsgericht

(1) Über etwaige Streitigkeiten aus diesem Gesellschaftsvertrag und über seine Wirksamkeit entscheidet ein Schiedsgericht.

(2) Der Schiedsvertrag wird in einer besonderen Urkunde geregelt, die dem Gesellschaftsvertrag als Anlage beigefügt ist.

Heidelberg, den ....

Katrin Strick   Eva Hübsch   Lisa Nadel

3. Vertrag mit vier Gesellschaftern, kapitalistisch ausgestaltet

Sachverhalt

Kurt Blech ist Kfz-Meister und besitzt eine kleine Kfz-Lackierwerkstatt. Bei ihm ist Peter Farbe als Kfz-Schlosser beschäftigt. Dessen Freundin ist die arbeitslose Buchhalterin Bärbel Flink. Klaus Klever will als gelernter Industriekaufmann selbstständig arbeiten. Sie wollen den Umsatz der Kfz-Lackierwerkstatt steigern und das finanzielle Risiko der Vergrößerung des Betriebes gemeinsam tragen. Der Gesellschaftsvertrag wurde kapitalistisch ausgestaltet.

Die Kfz-Lackierwerkstatt erfordert nach Art und Umfang nicht einen in kaufmännischer Weise eingerichteten Geschäftsbetrieb. Das Unternehmen ist nicht im Handelsregister eingetragen. Es bestehen steuerliche Buchführungs- und Bilanzierungspflichten, da ein Jahresgewinn von EURO 80 000 bis 100 000 einschließlich der festen Tätigkeitsvergütungen für die Gesellschafter angestrebt wird. Die Gesellschafter verfügen nur über ein geringes Anfangskapital; deshalb wäre die Gründung einer GmbH zu aufwendig. Auch die Gründung einer Offenen Handelsgesellschaft oder Kommanditgesellschaft wird wegen der damit verbundenen Kosten nicht angestrebt. Es bietet sich die Errichtung einer Gesellschaft bürgerlichen Rechts an.

Gesellschaftsvertrag

§ 1 Name und Ort

(1) Kurt Blech, Peter Farbe, Bärbel Flink und Klaus Klever errichten eine Gesellschaft des bürgerlichen Rechts unter dem Namen „Kurt Blech, Peter Farbe, Bärbel Flink und Klaus Klever – Kfz-Lackierwerkstatt GbR".

(2) Der Werkstattbetrieb liegt in Heidelberg, Daimlerstr. 30.

§ 2 Zweck der Gesellschaft

Zweck der Gesellschaft ist das Lackieren von Kraftfahrzeugen aller Art einschließlich sämtlicher damit zusammenhängender Arbeiten.

§ 3 Geschäftsjahr, Beginn und Dauer

(1) Das Geschäftsjahr ist das Kalenderjahr.

(2) Die Gesellschaft beginnt ihre Geschäfte am 1. 5. 20... und wird zunächst auf vier Jahre eingegangen. Die Dauer verlängert sich um jeweils zwei weitere Jahre, wenn die Gesellschaft nicht spätestens sechs Monate vor Vertragsende gekündigt wird.

(3) Jeder Gesellschafter ist zur Kündigung berechtigt. Die Kündigung ist jedem anderen Gesellschafter schriftlich zu erklären.

§ 4 Beiträge/Einlagen

(1) Die Gesellschafter haben folgende Beiträge zu leisten:

- Kurt Blech überläßt die ihm gehörende Werkshalle mit Büroräumen der Gesellschaft zum entgeltlichen Gebrauch. Ein Mietvertrag hierüber wird in gesonderter Urkunde geschlossen. Er übereignet der Gesellschaft seine Lackiermaschine Marke Tiger, Baujahr 20... und das vorhandene Inventar zu einer bisher von ihm allein betriebenen Kfz-Lackierwerkstatt gemäß einer Liste, die dem Gesellschaftsvertrag als Anlage beigefügt ist. Die Lackiermaschine und das sonstige Inventar werden unter Ausschluss jeder Gewährleistung eingebracht. Der gesamte Wert wird einverständlich auf EURO 9000,– festgesetzt.
- Peter Farbe übereignet der Gesellschaft ohne Gewährleistung 3000 kg Farben, Lacke und Grundiermittel im einverständlich festgelegten Gesamtwert von EURO 4500,–.
- Bärbel Flink leistet eine Einlage von Aktien der BASF Aktiengesellschaft zum Nominalwert von EURO 2500,–.

- Klaus Klever leistet eine Bareinlage von EURO 9 000,–, die sofort fällig ist.

Im Übrigen haben alle Gesellschafter der Gesellschaft ihre volle Arbeitskraft zur Verfügung zu stellen.

(2) Das Gesellschaftskapital beträgt EURO 27 000,– als Festkapital. An diesem Kapital sind mit folgenden festen Kapitalanteilen beteiligt:

- Kurt Blech mit EURO 9 000,–
- Peter Farbe mit EURO 4 500,–
- Bärbel Flink mit EURO 4 500,–
- Klaus Klever mit EURO 9 000,–

(3) Die Gesellschaft führt für jeden Gesellschafter folgende Konten:

- ein festes Kapitalkonto I, auf dem die festen Kapitalanteile gebucht werden;
- ein bewegliches Kapitalkonto II, auf dem die Gewinnanteile, die Entnahmen, die Tätigkeitsvergütungen und die Verlustanteile gebucht werden;
- ein veränderliches Privatkonto, auf dem alle anderen Geschäftsvorfälle, die zwischen der Gesellschaft und den Gesellschaftern stattfinden, insbesondere Gesellschafterdarlehen, aufgezeichnet werden.

§ 5 Geschäftsführung und Vertretung/Haftung

(1) Die Geschäftsführung und die Vertretung werden den Gesellschaftern Bärbel Flink und Klaus Klever übertragen. Diese sind jeweils allein berechtigt, alle Handlungen vorzunehmen und Erklärungen abzugeben, die der gewöhnliche Betrieb des Geschäfts mit sich bringt.

(2) Die Geschäftsführungsbefugnis und/oder die Vertretungsmacht kann den Gesellschaftern Bärbel Flink und Klaus Klever entzogen werden, wenn diese vorsätzlich oder grob fahrlässig zum Nachteil der Gesellschaft gehandelt haben. Die Entziehung kann nur durch gerichtliche Entscheidung erfolgen. Mit Rechtskraft dieser Entscheidung stehen den übrigen Gesellschaftern gemeinsam die Geschäftsführungsbefugnis und die Vertretungsmacht zu.

(3) Die Gesellschafter haften Dritten gegenüber gemeinsam für die von der Gesellschaft übernommenen und erbrachten Leistungen. Im Innenverhältnis haften nur die alleinvertretungsberechtigten Gesellschafter als Schadensverursacher. Sind alle Gesellschafter zur Geschäftsführung und Vertretung gemeinsam berechtigt, haften sie im Verhältnis ihrer Gewinn- und Verlustbeteiligung.

§ 6 Beschlüsse/Stimmrecht

(1) Die nach dem Gesetz oder nach dem Gesellschaftsvertrag zu treffenden Entscheidungen erfolgen durch Gesellschafterbeschluss.

(2) Beschlüsse der Gesellschafter erfolgen mit einfacher Mehrheit der zur Abstimmung berechtigten Gesellschafter, sofern das Gesetz oder der Gesellschaftsvertrag keine andere Mehrheit vorschreiben. Je EURO 500,– fester Kapitalanteil gewähren eine Stimme.

(3) Der Zustimmung aller Gesellschafter bedürfen Beschlüsse über:

- Erwerb, Veräußerung oder Belastung von Grundstücken oder grundstücksgleichen Rechten
- Beteiligung an anderen Unternehmen
- Änderung des Gesellschaftsvertrages
- Auflösung der Gesellschaft
- Geschäfte, durch die die Gesellschaft im Einzelfall mit mehr als EURO 5 000,– verpflichtet wird.

§ 7 Buchführung/Bilanzierung

(1) Die Gesellschaft hat unter Beachtung der steuerlichen Vorschriften ihre Bücher zu führen. Der Jahresabschluss ist als Steuerbilanz zu erstellen. Diese Steuerbilanz ist für die Rechtsbeziehungen der Gesellschafter maßgebend.

(2) Zur Buchführung ist Bärbel Flink berechtigt und verpflichtet. Klaus Klever ist zusammen mit Bärbel Flink berechtigt und verpflichtet, die Bilanzen aufzustellen.

(3) Der Jahresabschluss ist binnen drei Monaten nach Schluss eines jeden Geschäftsjahres aufzustellen. Diese Bilanz ist von allen Gesellschaftern zu genehmigen. Ist die Genehmigung nicht binnen eines Monats nach Vorlage erteilt, stellt ein Angehöriger der steuerberatenden Berufe diese Bilanz für alle Gesellschafter verbindlich fest. Dieser Schiedsgutachter wird auf Antrag durch die Industrie- und Handelskammer Heidelberg bestimmt.

§ 8 Einnahmen und Ausgaben

(1) Zu den Einnahmen der Gesellschaft gehören alle Einkünfte der Gesellschafter aus ihrer beruflichen Tätigkeit.

(2) Zu den Ausgaben der Gesellschaft gehören die Personalkosten, die Miete und sonstigen Aufwendungen für die Werkshalle mit den Büroräumen, die Instandhaltung und Erneuerung der Maschinen und Geräte, die

sonstigen Betriebsmittel (wie Reinigungs- und Poliermittel, Lacke, Strom, Wasser, Telefon, Porto), die Versicherungsprämien und dergleichen.

(3) Kraftfahrzeuge bleiben Eigentum eines jeden Gesellschafters. Die damit verbundenen Kosten trägt jeder Gesellschafter selbst.

§ 9 Tätigkeitsvergütung

(1) Für ihre Tätigkeit in der Gesellschaft erhalten die Gesellschafter folgende monatliche Vergütungen:

– Kurt Blech	EURO 1 800,–
– Peter Farbe	EURO 900,–
– Bärbel Flink	EURO 900,–
– Klaus Klever	EURO 600,–

Die Vergütungen stehen den Gesellschaftern unabhängig vom Vorhandensein eines Gewinns zu.

(2) Die Vergütungen sind jeweils am Ende eines Kalendermonats zu zahlen. Sie sind im Verhältnis der Gesellschafter untereinander als Aufwand der Gesellschaft zu behandeln.

§ 10 Entnahmen/Rücklagen

(1) Jeder Gesellschafter kann die erforderlichen Beträge entnehmen, um die auf seinen Gesellschaftsanteil entfallenden Steuern und Steuervorauszahlungen zu entrichten. Jeder Gesellschafter ist ferner zu Entnahmen berechtigt, wenn sein bewegliches Kapitalkonto II ein Guthaben aufweist.

(2) Jeder Gesellschafter ist verpflichtet, zehn Prozent seines Anteils am Jahresgewinn in eine gemeinschaftliche Rücklage einzubringen. Übersteigt die Rücklage die Ausgaben des vorangegangenen Jahres, ist der übersteigende Betrag an die Gesellschafter im Verhältnis ihrer Beteiligung an der Rücklage auszuschütten.

§ 11 Gewinn und Verlust

(1) Die nachstehende Verteilung von Gewinn und Verlust setzt voraus, dass jeder Gesellschafter seine Einlage voll erbracht hat.

(2) Der Gewinn, wie er sich aus der festgestellten Bilanz ergibt, wird entsprechend den Anteilen der Gesellschafter am Festkapital aufgeteilt und dem jeweiligen Kapitalkonto II der Gesellschafter gutgeschrieben.

(3) Der Verlust, wie er sich aus der festgestellten Bilanz ergibt, wird entsprechend den Anteilen der Gesellschafter am Festkapital aufgeteilt und das jeweilige Kapitalkonto II der Gesellschafter damit belastet.

§ 12 Informations- und Kontrollrecht

(1) Jeder Gesellschafter kann seine Informations- und Kontrollrechte persönlich ausüben. Er kann auch eine zur Berufsverschwiegenheit verpflichtete Person der rechts- und steuerberatenden Berufe damit betrauen.

§ 13 Wettbewerbsverbot

(1) Den Gesellschaftern ist es verboten, für eigene oder fremde Rechnung Konkurrenzgeschäfte zu machen und/oder sich an solchen Geschäften unmittelbar oder mittelbar zu beteiligen.

(2) Der zuwiderhandelnde Gesellschafter ist verpflichtet, die aus solchen Geschäften erhaltene Vergütung der Gesellschaft zu überlassen.

§ 14 Urlaub und Erkrankung

(1) Die Gesellschafter Kurt Blech und Bärbel Flink haben Anspruch auf einen Urlaub von sechs Wochen jährlich.

(2) Die Gesellschafter Peter Farbe und Klaus Lever haben Anspruch auf einen Urlaub von jährlich fünf Wochen.

(3) Der Urlaub soll nach vorheriger Absprache und Vertretungsregelung auf einmal genommen werden.

(4) Jeder Gesellschafter hat bei längeren Erkrankungen für vier Monate Anspruch auf Gewinnbeteiligung.

(5) Jeder Gesellschafter ist verpflichtet, eine Krankenversicherung nebst Krankentagegeldversicherung bis zu EURO 50,– Tagegeld abzuschließen. Der erkrankte Gesellschafter hat sich dieses Tagegeld von EURO 50,– auf seinen Gewinnanteil anrechnen zu lassen.

§ 15 Abtretung und sonstige Verfügungen

Die Übertragung eines Gesellschaftsanteils ist nur mit Zustimmung aller übrigen Gesellschafter zulässig.

§ 16 Kündigung und Ausschluss

(1) Jeder Gesellschafter kann die Gesellschaft unter Einhaltung einer Frist von sechs Monaten auf das Ende eines Kalenderjahres, erstmals mit Wirkung vom 1. Mai 20... kündigen. Die Kündigung erfolgt durch Einschreiben an die übrigen Gesellschafter.

(2) Der kündigende Gesellschafter scheidet mit Zugang der Kündigungserklärung aus der Gesellschaft aus. Die übrigen Gesellschafter setzen die Gesellschaft fort.

(3) Jeder Gesellschafter kann die Gesellschaft aus einem wichtigen Grund kündigen, den die übrigen Gesellschafter gemeinsam zu vertreten haben. In diesem Fall kann er gleichzeitig erklären, dass er den Betrieb allein weiterführt; dann übernimmt er das Gesellschaftsvermögen mit allen Aktiven und Passiven, ohne dass liquidiert wird. Macht der Gesellschafter von diesem Übernahmerecht keinen Gebrauch, wird die Gesellschaft aufgelöst.

(4) Die Gesellschafter haben das Recht, einen Gesellschafter durch einstimmigen Beschluss aus der Gesellschaft auszuschließen, wenn in dessen Person ein wichtiger Grund eintritt, der zu einer außerordentlichen Kündigung berechtigen würde. Der Gesellschafter scheidet mit Zugang des Ausschließungsbeschlusses aus der Gesellschaft aus; die übrigen Gesellschafter setzen die Gesellschaft fort.

(5) Der durch Kündigung oder Ausschluss ausscheidende Gesellschafter erhält eine Abfindung.

§ 17 Tod eines Gesellschafters

(1) Beim Tod des Kurt Blech steht demjenigen das Recht zu, seinen Eintritt in die Gesellschaft zu erklären, der von Kurt Blech durch letztwillige Verfügung als sein Nachfolger bestimmt wurde. Die Eintrittserklärung ist innerhalb vier Monaten seit dem Tod gegenüber allen Gesellschaftern abzugeben. Bei Eintritt des Nachfolgers sind evtl. Abfindungsansprüche der Erben des Kurt Blech ausgeschlossen. Bei Nichteintritt wird die Gesellschaft von den übrigen Gesellschaftern fortgesetzt; die Erben von Kurt Blech werden abgefunden.

(2) Beim Tod eines anderen Gesellschafters wird die Gesellschaft von den übrigen Gesellschaftern fortgesetzt. Die Erben des verstorbenen Gesellschafters werden abgefunden.

§ 18 Ausscheiden eines Gesellschafters/Übernahmerecht

(1) Wird über das Vermögen eines Gesellschafters das Insolvenzverfahren rechtskräftig eröffnet, scheidet dieser Gesellschafter mit Rechtskraft aus der Gesellschaft aus. Die Gesellschaft wird von den übrigen Gesellschaftern fortgesetzt.

(2) Wird der Anteil eines Gesellschafters gepfändet, scheidet dieser Gesellschafter nach Ablauf von 90 Tagen nach Erlass des Pfändungsbeschlus-

ses aus der Gesellschaft aus, wenn der Pfändungsbeschluss nicht innerhalb dieser 90 Tage wieder aufgehoben wurde. Die Gesellschaft wird von den übrigen Gesellschaftern fortgesetzt.

(3) Sind nur noch zwei Gesellschafter vorhanden und stirbt oder kündigt ein Gesellschafter oder tritt in seiner Person sonst ein Grund ein, der nach den §§ 723 bis 728 BGB die Auflösung der Gesellschaft zur Folge haben würde, übernimmt der andere Gesellschafter das Vermögen ohne Liquidation mit allen Aktiven und Passiven. Die Übernahmeerklärung hat gegenüber dem ersten Gesellschafter oder dessen Erben zu erfolgen. Sie ist innerhalb von vier Wochen nach Kenntnis des Auflösungsgrundes abzugeben; andernfalls wird die Gesellschaft aufgelöst.

(4) Der nach Absatz 1 bis 3 ausscheidende Gesellschafter erhält eine Abfindung.

§ 19 Abfindung

(1) Ist beim Ausscheiden eines Gesellschafters eine Abfindung zu zahlen, erhält dieser den Buchwert seiner Beteiligung. Dieser errechnet sich aus dem festen Kapitalanteil zzgl. anteiliger Rücklagen und Rückstellungen sowie zzgl. des Guthabens bzw. abzgl. des negativen Saldos auf dem beweglichen Kapitalkonto II. Die letzte festgestellte Jahresbilanz wird der Buchwertermittlung zugrunde gelegt. Hierbei ist zu berücksichtigen, dass der ausscheidende Gesellschafter nicht an Gewinnen oder Verlusten teilnimmt, die nach dem Bilanzstichtag entstehen. Auch an schwebenden Geschäften am Tag seines Ausscheidens ist er nicht beteiligt.

(2) Das Abfindungsguthaben ist in drei gleichen Jahresraten, beginnend mit dem ersten Tag des auf den Tag des Ausscheidens folgenden Monats, auszuzahlen. Es ist ab dem Tag des Ausscheidens mit 3 % über dem jeweiligen Basiszinssatz der Europäischen Zentralbank (EZB) zu verzinsen.

§ 20 Schriftform

(1) Änderungen und Ergänzungen des Gesellschaftsvertrages sind nur verbindlich, wenn sie schriftlich vereinbart werden.

(2) Einseitige Willenserklärungen eines Gesellschafters gegenüber den anderen Gesellschaftern (wie Kündigung und Ausschluss) sind nur wirksam, wenn sie schriftlich erfolgen.

§ 21 Salvatorische Klausel

(1) Sollten Bestimmungen dieses Vertrages ganz oder teilweise nicht rechtswirksam oder nicht durchführbar sein oder werden, soll dadurch die

Gültigkeit der übrigen Bestimmungen des Vertrages nicht berührt werden. Enthält dieser Vertrag eine Regelungslücke, gilt das gleiche.

(2) Anstelle der unwirksamen oder undurchführbaren Bestimmungen oder zur Ausfüllung der Lücke soll eine angemessene Regelung gelten, die dem Willen der Gesellschafter sowie dem Sinn und Zweck des Vertrages entsprechen würde, sofern die Gesellschafter bei dem Abschluss des Vertrages den Punkt bedacht hätten.

(3) Im Übrigen gelten die Bestimmungen der §§ 705 ff. BGB.

§ 22 Schiedsgericht

(1) Bei etwaigen Streitigkeiten zwischen den Gesellschaftern oder zwischen Gesellschaftern und der Gesellschaft ist zunächst der Rechtsanwalt und Fachanwalt für Steuerrecht Klaus M. in Heidelberg als Vermittler zu bemühen, um den Streit beizulegen.

(2) Hat ein Schlichtungstermin stattgefunden und wurde im Beisein des Vermittlers keine Einigung erzielt, entscheidet unter Ausschluss des ordentlichen Rechtswegs ein Schiedsgericht.

(3) Die Gesellschafter haben die Zuständigkeit des Schiedsgerichts, dessen Zusammensetzung und das Verfahren in einem Schiedsvertrag geregelt, der dem Gesellschaftsvertrag als Anlage beigefügt ist. Jeder der Gesellschaft beitretende Gesellschafter unterwirft sich dem vereinbarten Schiedsgericht. Er verpflichtet sich, der Schiedsgerichtsvereinbarung durch Unterzeichnung der Urkunde förmlich beizutreten.

Heidelberg, den ...

Kurt Blech — Bärbel Flink

Peter Farbe — Klaus Klever

D. Erläuterungen der Vertragsbestimmungen

§ 1 Name und Ort

Die GbR kann im Rechtsverkehr einen Namen führen. Diesem kommt im Hinblick auf die Rechts- und Parteifähigkeit der GbR eine besondere Bedeutung zu. Die GbR tritt unter dem Namen aller oder mehrerer Gesellschafter auf. Bei Privatpersonen sind der Familiennamen und je ein ausgeschriebener Vorname anzugeben (vgl. § 15b Gewerbeordnung). Zulässig sind Zusätze, die das Gesellschaftsverhältnis und den Geschäftsbetrieb bezeichnen, wie es in den einzelnen Mustern dargestellt wurde. Jedoch darf keine Verwechslungsgefahr mit einer kaufmännischen Firma oder mit einer Partnerschaftsgesellschaft entstehen (*Palandt,* §705 Rn. 25). Die Verwendung des kaufmännischen Zeichens „&", der Gesellschaftszusätze „& Co.", „und Cie" sowie „und Partner", „Partnerschaft" ist unzulässig. Auch die im Namen verwendeten Zusätze „GbR mit beschränkter Haftung" oder „GbR mbH" sind unzulässig und wegen der Verwechslungsgefahr mit einer GmbH verboten (Bay ObLG, NJW 1999, 297).

Für den Namen der GbR gilt der Namensschutz. Maßgeblich sind die Unterscheidungsfunktion und die Identifizierungsfunktion. Wird der Name der GbR im geschäftlichen Verkehr benutzt, besteht ein Unterlassungsanspruch gegen die Verwender verwechslungsfähiger, prioritätsjüngerer Bezeichnungen (§ 16 Abs. 1 UWG, § 12 BGB).

Der Angabe eines Sitzes der Gesellschaft bedarf es nicht. Der Ort, an dem sich die Geschäftsleitung befindet, kann im Gesellschaftsvertrag festgelegt werden, da er ohnehin für gewerberechtliche und steuerrechtliche Belange maßgebend ist.

§ 2 Zweck der Gesellschaft

Gegenstand einer GbR kann jeder erlaubte dauernde oder vorübergehende Zweck sein. Er kann wirtschaftlicher oder ideeller Natur sein. Doch muss er irgendwie auf Förderung durch vermögenswerte Leistungen gerichtet sein. Der Zweck muss gemeinsam sein. Das ist der Fall, wenn jeder Gesellschafter dessen Förderung von den anderen Gesellschaftern beanspruchen kann. Durch das Zusammenwirken aller Gesellschafter, das regelmäßig durch die vereinbarten Beiträge geschieht, muss der Zweck erreicht werden. Der Gegenstand des Betriebes der Gesellschaft ist genau zu bezeichnen. Mit der Bezeichnung „Druckerei", „Wollstube" oder „Kfz-Lackierwerkstatt" sind alle in einem solchen Betrieb anfallenden Aufgaben angesprochen.

§ 3 Geschäftsjahr/Beginn und Dauer

(1) Das Geschäftsjahr ist grundsätzlich das Kalenderjahr. Die GbR wird im Handelsregister nicht eingetragen; deshalb kann sie auch kein vom Kalenderjahr abweichendes Wirtschaftsjahr haben (§ 4 Abs. 1 Nr. 2 Einkommensteuergesetz).

(2) Wichtig ist eine Klarstellung, ob die Gesellschaft für eine bestimmte oder unbestimmte Zeit eingegangen werden soll. Ist die Gesellschaft nicht für eine bestimmte Zeit eingegangen, kann jeder Gesellschafter sie jederzeit kündigen. Ist eine Zeitdauer bestimmt, ist die Kündigung vor dem Ablauf der Zeit zulässig, wenn ein wichtiger Grund vorliegt (§ 723 BGB).

§ 4 Beiträge/Einlagen

Das Wort „Beitrag" wird als Oberbegriff verwendet. Beiträge im Sinne der §§ 706, 707 BGB sind die vermögenswerten Leistungen der Gesellschafter, die das Gesellschaftsvermögen bilden oder mehren sollen. Als Einlage wird hierbei die Leistung bezeichnet, die bereits in das Gesellschaftsvermögen übergegangen ist. Der jeweilige Inhalt des Beitrags ergibt sich aus dem Gesellschaftsvertrag. Der Beitrag kann in der Übertragung vermögenswerter Sachen und Rechte bestehen, wie Geld, Forderungen, Wertpapiere, Grundstücke, Maschinen, Möbel, Erfinderrechte, Namen. Der Beitrag kann auch in einer Gebrauchsgestattung zur gemeinschaftlichen Nutzung liegen (*Palandt*, § 706 Rn. 4 und 5).

Bei einer Übereignung gilt für die Rechts- und Sachmängelhaftung Kaufrecht. Die Gebrauchsüberlassung kann entgeltlich oder unentgeltlich erfolgen.

Die Gesellschafter können Dienstleistungen jeder Art erbringen (§ 706 Abs. 3 BGB) wie Übernahme der Geschäftsführung oder einer Geschäftsbesorgung, Werkleistungen, Einsatz der eigenen Arbeitskraft.

Die Beiträge können ferner im Nachweis von Bezugsquellen, von Geschäftsgeheimnissen oder in der Überlassung eines Kundenkreises oder eines Know-how bestehen.

Eine Bewertung der Beiträge spielt nur im Hinblick auf die Beteiligung der Gesellschafter am Gewinn oder am Liquidationserlös eine Rolle.

Eine Pflicht zur nachträglichen Erhöhung der vereinbarten Beiträge oder zur Ergänzung der durch Verlust verminderten Einlage besteht grundsätzlich nicht (§ 707 BGB). Die Beitragspflicht soll bei Beginn der Gesellschaft überschaubar sein.

§ 5 Geschäftsführung und Vertretung/Haftung

Geschäftsführung

Die Geschäftsführung folgt aus der Mitgliedschaft; nur Gesellschafter können Geschäftsführer sein (§ 709 BGB). Dritte Personen können nur als Bevollmächtigte der Gesellschaft auftreten. Die Geschäftsführung beinhaltet eine Tätigkeitspflicht zur Förderung des gemeinsamen Zweckes und damit eine Beitragspflicht im Sinne der §§ 705, 706 BGB (*Ulmer*, § 709 Rn. 7, 8). Nach § 709 BGB üben alle Gesellschafter die Geschäftsführung gemeinsam aus. Mithin müssen alle Entscheidungen und Beschlüsse einstimming gefasst werden. Hiervon kann im Gesellschaftsvertrag abgewichen werden. Die Geschäftsführung kann mit dem Mehrheitsprinzip verbunden werden. Es kann auch Einzelgeschäftsführung aller oder mehrerer Gesellschafter vereinbart werden (§ 711 BGB).

Vertretung

Die Vertretung der Gesellschaft gegenüber Dritten ist der Teilbereich der Geschäftsführung, der das rechtsgeschäftliche Außenhandeln der Geschäftsführer umfasst (*Ulmer* § 709, Rn. 9). Die Vertretungsmacht deckt sich mit der Geschäftsführungsbefugnis. Nach dem Grundsatz der Gesamtgeschäftsführung müssen zu einer Vertretung der Gesellschaft alle Gesellschafter in ihrer Gesamtheit zusammenwirken. Hierbei handelt es sich nicht um eine Vertretung im eigentlichen Sinne, sondern es liegt ein Selbsthandeln der Gesamthänder vor. Der Umfang der Vertretungsmacht kann beliebig eingeschränkt werden. Um die jederzeitige Handlungsfähigkeit der Gesellschaft zu sichern, empfiehlt es sich, allen oder einzelnen Gesellschaftern Alleinvertretungsmacht zu erteilen.

Für das Verhältnis zwischen Gesellschaft und Geschäftsführer gilt das Verbot des Selbstkontrahierens (§ 181 BGB). Es kann sinnvoll sein, hiervon im Gesellschaftsvertrag generell oder im Einzelfall zu befreien.

Die Vertretungsmacht kann, sofern sie auf dem Gesellschaftsvertrag beruht, entzogen werden, wenn ein wichtiger Grund vorliegt. Ist sie in Verbindung mit der Befugnis zur Geschäftsführung erteilt worden, kann sie nur mit dieser entzogen werden (§§ 715, 712 BGB). Ein wichtiger Grund ist insbesondere eine grobe Pflichtverletzung oder die Unfähigkeit zur ordnungsgemäßen Geschäftsführung.

Haftung

Ein Gesellschafter hat bei der Erfüllung der ihm obliegenden Verpflichtungen nur für diejenige Sorgfalt einzustehen, welche er in eigenen Angelegenheiten anzuwenden pflegt. Dies bedeutet keine Freistellung von der Haftung für grobe Fahrlässigkeit (§§ 708, 277 BGB).

Beim Lenken eines Kraftfahrzeuges im Straßenverkehr haftet ein Gesellschafter für einfache Fahrlässigkeit.

Die Gesellschafter haften, wenn sie sich durch Vertrag gemeinschaftlich zu einer teilbaren Leistung verpflichten, im Zweifel als Gesamtschuldner (§§ 427, 421, 752 BGB). Ein Gläubiger kann sich wahlweise an das Gesellschaftsvermögen oder das Privatvermögen jedes einzelnen Gesellschafters halten.

Für unerlaubte Handlungen des geschäftsführenden Gesellschafters haften die übrigen bei vorhandener Weisungsbefugnis als Geschäftsherren mit Entlastungsmöglichkeit gem. § 831 BGB.

Die Haftung für Organe gem. § 31 BGB gibt es – im Gegensatz zur OHG – bei der Gesellschaft bürgerlichen Rechts nicht (BGHZ 45, 311 ff.).

Haftungsbeschränkung

Der Gesellschaftsvertrag kann die Vertretungsbefugnis der geschäftsführenden und vertretungsberechtigten Gesellschafter dahingehend beschränken (§ 714 BGB), dass die Gesellschafter nur mit dem Gesellschaftsvermögen haftbar gemacht werden. Diese Haftungsbeschränkung muss individualvertraglich mit den Geschäftspartnern vereinbart werden. Der Bundesgerichtshof hat die Rechtsfigur „BGB-Gesellschaft mbH“ verworfen (BGHZ 142,315). Der Rechtsverkehr muss bei einer GbR als persönlich haftender Gesellschafterin einer Personenhandelsgesellschaft von einer vollen persönlichen Haftung der Gesellschafter ausgehen (*Münch*, DNotZ 2001, 552).

§ 6 Beschlüsse/Stimmrecht

Für die Gesellschafterbeschlüsse ist keine Form vorgeschrieben. Sie können auch durch konkludentes Verhalten gefasst werden. Im Gesellschaftsvertrag ist klar und eindeutig zu regeln, ob die Gesellschaftsbeschlüsse einstimmig oder mehrheitlich zu fassen sind. Ist das Mehrheitsprinzip vereinbart, sollten diejenigen Bestimmungen des Gesellschaftsvertrages genau aufgeführt sein, die durch Mehrheitsbeschluss geändert werden können. Das Stimmrecht ist das Recht des Gesellschafters, an der Verwaltung der Gesellschaft mitzuwirken. Als Ausfluss des Mitgliedschaftsrechts ist es auf Dritte nicht übertragbar. Bei der Ausübung des Stimmrechts kann sich der Gesellschafter durch einen anderen Gesellschafter oder einen Dritten vertreten lassen, wenn alle Gesellschafter zustimmen oder wenn dies im Gesellschaftsvertrag vereinbart ist.

§ 7 Buchführung/Bilanzierung

Wenn die Geschäftstätigkeit der GbR nur einen geringen Umfang hat, besteht keine Pflicht zur Buchführung. Diese kann sich bei größerem Umfang der Geschäfte aus den steuerrechtlichen Vorschriften ergeben (§§ 141 ff. Abgabenordnung, § 22 Umsatzsteuergesetz).

Eine kleine GbR ist auch zur Bilanzierung nicht verpflichtet. § 721 Abs. 2 BGB verlangt lediglich einen Rechnungsabschluss, aus dem sich z. B. der Überschuss der Einnahmen über die Ausgaben ergibt. Die Pflicht zur Bilanzierung und Inventarerrichtung ist jedoch gegeben, wenn die Voraussetzungen der §§ 141 ff. Abgabenordnung vorliegen.

Die Feststellung der Bilanz durch die Gesellschafter ist erforderlich, damit die Bilanzwerte als Grundlage der Gewinnverteilung und als Voraussetzung für die Gewinnansprüche feststehen. Die für alle Gesellschafter verbindliche Feststellung der Bilanz erfolgt gem. §§ 317 ff. BGB. Die Vereinbarung einer solchen Schiedsgutachterklausel empfiehlt sich, wenn die Gesellschafter keine kaufmännischen und steuerrechtlichen Kenntnisse besitzen.

§ 8 Einnahmen und Ausgaben

Da jeder Gesellschafter seine gesamte Arbeitskraft der Gesellschaft zu widmen hat, kommen grundsätzlich alle mit der Berufstätigkeit zusammenhängenden Einkünfte der Gesellschaft zugute.

§ 9 Tätigkeitsvergütung

Zur Bestreitung ihres Lebensunterhalts bekommen die Gesellschafter feste monatliche Tätigkeitsvergütungen. Dadurch wird der Gewinn vermindert oder der Verlust erhöht.

§ 10 Entnahmen/Rücklagen

Der Gewinnanspruch entsteht erst mit der Feststellung der Bilanz, nicht schon mit Abschluss des Geschäftsjahres (*Ulmer*, § 722 Rn. 9). Deshalb ist – neben der Tätigkeitsvergütung – eine Entnahmeregelung zu treffen. Dabei sind die Interessen des Gesellschafters, der seine ganze Arbeitskraft der Gesellschaft widmet, sowie das Liquidationsbedürfnis der Gesellschaft (laufende Betriebsausgaben) zu berücksichtigen. Jedenfalls muss der einzelne Gesellschafter seinen Lebensbedarf decken können; auch muss er seinen steuerlichen Verpflichtungen (z. B. Vorauszahlungen) nachkommen können.

Dasselbe Ergebnis kann erreicht werden, wenn monatlich oder vierteljährlich Rechnungsabschlüsse erfolgen und der danach ermittelte Gewinn ausgezahlt wird.

Die Bildung von Rücklagen dient der Kapitalvorsorge. Es ist nicht ausgeschlossen, dass sich die Einnahmen wesentlich verringen oder dass die Ausgaben erheblich steigen.

§ 11 Gewinn und Verlust

Sind die Anteile der Gesellschafter am Gewinn und Verlust nicht bestimmt, hat jeder Gesellschafter ohne Rücksicht auf die Art und die Größe seines Beitrages einen gleichen Anteil am Gewinn und Verlust. Ist nur der Anteil am Gewinn oder Verlust bestimmt, gilt die Bestimmung im Zweifel für Gewinn und Verlust (§ 722 BGB).

Abweichende Vereinbarungen betreffen häufig die Anteilshöhe. Der Gesellschaftsvertrag sollte den Verteilungsschlüssel festlegen. In vielen Fällen dürfte es gerechtfertigt sein, eine steigende Gewinnquote des jüngeren Gesellschafters festzulegen. Auch andere Gesichtspunkte spielen für die Gewinnverteilung eine Rolle, wie unterschiedliche Leistungen der Gesellschafter, der Anteil am Aufbau des Betriebes, die Dauer der Zugehörigkeit zur Gesellschaft, das niedrigere bzw. höhere Aufkommen an den Einnahmen.

§ 12 Informations- und Kontrollrecht

Nach § 716 Abs. 1 BGB steht jedem Gesellschafter ein Recht auf Unterrichtung von den Angelegenheiten der Gesellschaft zu, das sich gegen die Gesamthand richtet, aber auch unmittelbar gegen die geschäftsführenden Gesellschafter geltend gemacht werden kann, die zuständig sind, die Unterrichtung zu dulden und die Einsicht zu gewähren (*Palandt*, § 716 Rn. 1).

§ 13 Wettbewerbsverbot

Ausdruck der Treuepflicht ist das Wettbewerbsverbot. Bei schuldhaftem Verstoss kann eine Vertragsstrafe vorgesehen sein (§ 339 S. 2 BGB). Bei Wiederholungsgefahr ist eine Unterlassungsklage begründet (§ 890 ZPO).

§ 14 Urlaub und Erkrankung

Die Regelung des Urlaubs, insbesondere seiner Zeitdauer, ist zu empfehlen. Auch ist klarzustellen, ob er geteilt genommen werden kann, etwa als Sommer- und Winterurlaub.

Bei längerer, schwerer Erkrankung eines Gesellschafters sind die Dauer und die Höhe der Gewinnbeteiligung näher zu regeln.

Jeder Gesellschafter sollte ausreichend krankenversichert sein und sogar eine Krankenhaustagegeldversicherung abschließen. Es kann empfehlenswert sein zu regeln, dass für einen erkrankten Gesellschafter ein Vertreter einzustellen ist.

§ 15 Abtretung und sonstige Verfügungen

Die Gesellschafter sind am Gesellschaftsvermögen als solchem und an den einzelnen dazu gehörenden Gegenständen beteiligt, aber nur über die Gesellschaft, die ihrerseits Trägerin des Gesellschaftsvermögens ist. Aus der zwingenden Vorschrift des § 719 Abs. 1 BGB ergibt sich, dass keine Verfügungen über den Anteil am Gesellschaftsvermögen und über den Anteil am Einzelgegenstand möglich sind. Auch Einzelrechte der Gesellschafter, die sich aus der Gesellschafterstellung ergeben, sind nicht übertragbar.

Hiervon zu unterscheiden ist die Mitgliedschaft (Gesellschaftsanteil) des einzelnen Gesellschafters. Diese bezeichnet seine Stellung im ganzen in der Gesellschaft, also alle seine persönlichen, vermögensrechtlichen und korporativen Rechte und Pflichten. Diese Mitgliedschaft ist nicht frei übertragbar. Sie kann jedoch, falls der Gesellschaftsvertrag dies zuläßt oder alle Gesellschafter zustimmen, auf eine andere Person übertragen werden. Hierdurch rückt der Erwerber als Rechtsnachfolger des übertragenden Gesellschafters voll in dessen Rechtsstellung als Gesellschafter im Innenverhältnis ein.

§ 16 Kündigung und Ausschluss

Kündigung

Die Kündigung der Gesellschaft hat deren Auflösung zur Folge; es besteht jetzt eine Auseinandersetzungsgesellschaft (*Palandt*, § 723 Rn. 1). Anstelle dieser Rechtsfolge der Auflösung kann in dem Gesellschaftsvertrag vereinbart werden, dass der kündigende Gesellschafter aus der Gesellschaft ausscheidet.

Wenn die Gesellschaft nicht für eine bestimmte Zeit eingegangen ist, kann jeder Gesellschafter sie jederzeit kündigen. Ist eine Zeitdauer bestimmt, ist die Kündigung vor dem Ablauf der Zeit zulässig, wenn ein wichtiger Grund vorliegt; ein solcher Grund ist insbesondere vorhanden, wenn ein anderer Gesellschafter eine ihm nach dem Gesellschaftsvertrag obliegende wesentliche Verpflichtung vorsätzlich oder aus grober Fahrlässigkeit verletzt oder wenn die Erfüllung einer solchen Verpflichtung unmöglich wird. Unter der gleichen Voraussetzung ist, wenn eine Kündigungsfrist bestimmt ist, die Kündigung ohne Einhaltung einer Frist zulässig. Die Vertragsfreiheit erfährt in diesem Falle eine Einschränkung. Eine Vereinbarung, durch welche das Kündigungsrecht ausgeschlossen oder diesen Vorschriften zuwider beschränkt wird, ist nichtig (§ 723 BGB).

Hierunter fallen unangemessen lange Befristungen der GbR. Ferner zählen hierzu Vereinbarungen, in denen eine Abfindung ausgeschlossen oder Abfindungsansprüche weitgehend beschränkt sind und die damit die Entschließungsfreiheit des Gesellschafters im Zeitpunkt der beabsichtigten Kündigung erheblich Einengen (*Palandt*, § 723 Rn. 7).

Ausschluss

Enthält der Gesellschaftsvertrag eine Fortsetzungsklausel, kann ein Gesellschafter aus wichtigem Grund ausgeschlossen werden. Die Ausschließung erfolgt durch Erklärung gegenüber dem ausschließenden Gesellschafter (§ 737 BGB).

Der ausgeschlossene Gesellschafter scheidet unmittelbar aus; die übrigen setzen die Gesellschaft unter Wahrung der Identität fort. Der Ausscheidende hat einen Abfindungsanspruch (§ 738 BGB). Es erfolgt Anwachsung; der Gesellschaftsanteil geht unmittelbar auf die übrigen Gesellschafter über. Bei einer zweigliedrigen Gesellschaft hat der verbleibende Gesellschafter ein entsprechendes Übernahmerecht.

Ein Ausschluss ohne wichtigen Grund muss eindeutig im Gesellschaftsvertrag vereinbart sein, und im Einzelfall müssen außergewöhnliche Gründe den Ausschluss rechtfertigen (*Palandt*, § 737 Rn. 5).

§ 17 Tod eines Gesellschafters

Die Gesellschaft wird durch den Tod eines der Gesellschafter aufgelöst, sofern nicht aus dem Gesellschaftsvertrag sich ein anderes ergibt (§ 727 Abs. 1 BGB).

In der Regel werden abweichende Vereinbarungen getroffen, damit die Gesellschaft nicht auseinandergesetzt werden muss. Meistens werden Nachfolgeklauseln vereinbart, die den Nachfolger unmittelbar in die Gesellschaft eintreten lassen; der Nachfolger muss allerdings gesetzlicher oder testamentarischer Erbe des verstorbenen Gesellschafters sein.

Ist eine Eintrittsklausel vereinbart, vollzieht sich die Nachfolge aufgrund besonderer Eintrittserklärungen des Berechtigten. Macht der Eintrittsberechtigte innerhalb der bestimmten Frist von seinem Eintrittsrecht keinen Gebrauch, ist es verwirkt, und die Gesellschaft wird ohne ihn fortgesetzt.

§ 18 Ausscheiden eines Gesellschafters

Der Gesellschafterbestand ist eine Grundlage der Gesellschaft. Deshalb ist die Auflösung der Gesellschaft vorgesehen, wenn ein Gesellschafter kündigt (§ 723 BGB) oder stirbt (§ 727 BGB) oder über sein Vermögen das Insolvenzverfahren eröffnet wurde (§ 728 Abs. 2 BGB). Die Gesellschaft wird ferner aufgelöst, wenn der Gesellschaftszweck weggefallen ist (§ 726 BGB) oder wenn über ihr Vermögen das Insolvenzverfahren eröffnet wurde (§ 728 Abs. 1 BGB). Die Gesellschafter können jedoch vereinbaren, dass die Gesellschaft unter den übrigen Gesellschaftern fortbesteht. Die Fortsetzung setzt jedoch voraus, dass mindestens zwei Gesellschafter übrig bleiben. Es gibt keine Einmann-GbR. In einer zweigliedrigen Gesellschaft kann unter bestimmten Voraussetzungen ein Übernahmerecht vereinbart werden. Wurde bei einer mehrgliedrigen Gesellschaft ein Fortsetzungsrecht vereinbart und sind nur noch zwei Gesellschafter übrig, gibt es ein entsprechendes Übernahmerecht. Dieses ist durch rechtsgestaltende Übernahmeerklärung auszuüben. So wird die Gesellschaft ohne Abwicklung beendet, die gemeinschaftlichen Gegenstände wachsen dem Übernehmenden ohne Einzelübertragung gem. § 738 BGB an. Der Ausscheidende ist abzufinden (*Palandt*, § 736 Rn. 3 und 4).

§ 19 Abfindung

Die §§ 738–740 BGB regeln die Folgen des Ausscheidens eines Gesellschafters. § 738 BGB gilt auch bei der Übernahme in der zweigliedrigen Gesellschaft (BGHZ 32, 307). Die Gesellschafter sind verpflichtet, dem Ausscheidenden die Gegenstände zurückzugeben, die er der Gesellschaft zum Gebrauch überlassen hat (§ 732 BGB). Sie haben ihn ferner von den gemeinschaftlichen Schulden zu befreien (§ 733 BGB). Schließlich haben sie ihm dasjenige zu zahlen, was er bei der Auseinandersetzung erhalten würde, wenn die Gesellschaft zur Zeit seines Ausscheidens aufgelöst worden wäre (§ 738 Abs. 1 BGB).

Der ausscheidende Gesellschafter erhält als Abfindung den Wert seiner Beteiligung. Der Stichtag hierfür ist der Tag des Ausscheidens. Die Berechnung folgt der individuellen Methode der Anteilsbewertung. Zunächst wird der Wert des Unternehmens als Ganzes ermittelt; dieser Wert wird dann nach dem Gewinnverteilungsschlüssel auf die Gesellschafter verteilt. Für den Gesamtwert sind die wirklichen Werte des lebenden Unternehmens einschließlich der stillen Reserven und des Goodwill maßgebend. Zu ermitteln ist er nach dem Ertragswert (BGH NJW 1993, 2101), neuerdings nach dem Zukunftserfolgswert, der sich aus der Summe der zwischen dem Unternehmen und den Gesellschaftern künftig fließenden Zahlungsströme plus den Liquidations-Nettoerlös-Barwerten am Bewertungsstichtag errechnet (*Palandt*, § 738 Rn. 5). Im Allgemeinen wird hierfür ein Sachverständigengutachten erforderlich sein. Bei hiervon abweichenden Vereinbarungen im Gesellschaftsvertrag ist eine ausgewogene Lösung zwischen Bestandsschutz des Unternehmens und Angemessenheit der Abfindung zu finden. Ein völliger Abfindungsausschluss verstößt gegen §§ 138, 723 Abs. 3 BGB.

Der Wert des Namens, die stillen Reserven und die schwebenden Geschäfte können außer acht gelassen werden; ebenso kann der Abfindungsanspruch auf Buchwerte nach der letzten Jahresbilanz beschränkt werden. Bei der Gründung einer GbR kann immer die Buchwertklausel vereinbart werden. Es besteht die Gefahr, dass diese später als unzulässig angesehen wird, wenn zwischen dem Buchwert und dem wirklichen Wert ein erhebliches Missverhältnis entstanden ist (*Glanegger*, § 138 HGB Rn. 12).

§ 20 Schriftform

Die Schriftform bei Änderungen und Ergänzungen dient der Rechtsklarheit und damit Rechtssicherheit. Die gewillkürte Schriftform wurde bei Änderung des § 127 BGB auf die elektronische Form und die Textform erweitert. Zur Wahrung der Form genügt eine telekommunikative Übermittlung (Fax, E-Mail, Telegramm). Auch durch Briefwechsel können Änderungen und Ergänzungen des Vertrages wirksam vorgenommen werden. Ausreichend ist der Brief des einen Gesellschafters und ein Telegramm (Fax, E-Mail) des anderen. Jede Partei kann die Nachholung einer dem § 126 bzw. § 126 a BGB entsprechenden Beurkundung verlangen.

§ 21 Salvatorische Klausel

Wenn eine Bestimmung unwirksam oder undurchführbar ist oder eine Lücke vorhanden ist, sollte der Weg vorgezeichnet sein, wie Abhilfe zu schaffen ist.

§ 22 Schiedsgericht

Grundsätzlich sind für Streitigkeiten innerhalb der Gesellschaft die ordentlichen Gerichte zuständig. Werden solche Streitigkeiten in aller Öffentlichkeit ausgetragen, kann dies für die Gesellschafter peinlich und schädlich sein.

Im Gesellschaftsvertrag wurde die Vereinbarung eines Schiedsgerichtes empfohlen. Das Schiedsgericht hat den Vorteil, dass die Streitigkeit meist einfacher, schneller und billiger als durch die staatlichen Gerichte entschieden werden kann. Auch können die Gesellschafter selbst die Schiedsrichter berufen, die ihnen besonders sachkundig erscheinen. Nachteilig könnte sein, dass einzelne Schiedsrichter (unbewusst) parteilich sind, mangels genügender Praxis den Sachverhalt nicht gründlich genug aufklären und Entscheidungen treffen, die mit erheblichen Fehlern und Mängeln versehen sind. Die Gesellschafter haben die Vor- und Nachteile des Schiedsgerichtsverfahrens abzuwägen.

E. Schiedsvertrag mit Erläuterungen

1. Muster

Die Gesellschafter der gemäß Gesellschaftsvertrag vom ..... gegründeten bürgerlich-rechtlichen Gesellschaft schließen folgenden

Schiedsvertrag

§ 1 Schiedsvereinbarung und Ort des Verfahrens

Die Gesellschafter haben in ihrem Gesellschaftsvertrag vereinbart, dass über alle Streitigkeiten aus dem Gesellschaftsverhältnis, sowohl zwischen der Gesellschaft und den Gesellschaftern als auch zwischen den Gesellschaftern untereinander, unter Ausschluss des ordentlichen Rechtswegs ein Schiedsgericht entscheidet. Dies gilt auch für Streitigkeiten über die Wirksamkeit des Gesellschaftsvertrages.

Ort des schiedsrichterlichen Verfahrens ist Heidelberg.

§ 2 Zusammensetzung des Schiedsgerichts

Das Schiedsgericht besteht aus drei Personen. Jede Partei hat einen Schiedsrichter zu ernennen. Diese beiden Schiedsrichter haben einen weiteren Schiedsrichter, den Obmann, der die Befähigung zum Richteramt besitzen muss, zu bestimmen.

§ 3 Bestellung der Schiedsrichter

Die betreibende Partei hat der anderen Partei durch eingeschriebenen Brief den Streitgegenstand darzulegen, den Namen des von ihr ernannten Schiedsrichters mitzuteilen und sie aufzufordern, binnen einer Frist von zwei Wochen ihrerseits einen Schiedsrichter zu benennen. Wird die Frist nicht gewahrt, hat das Oberlandesgericht Karlsruhe auf Antrag der betreibenden Partei den Schiedsrichter zu benennen.

Die beiden Schiedsrichter wählen innerhalb von zwei Wochen nach Ernennung des letzten Schiedsrichters einen Obmann, der die Befähigung zum Richteramt hat. Erfolgt innerhalb dieser Frist keine Einigung, haben beide Schiedsrichter unverzüglich beim Oberlandesgericht Karlsruhe zu beantragen, diesen Obmann zu ernennen.

Fällt ein Schiedsrichter weg, ist innerhalb zwei Wochen ein neuer Schiedsrichter zu benennen. Die vorstehenden Bestimmungen sind entsprechend anzuwenden.

§ 4 Durchführung des Verfahrens

Das Schiedsgericht hat zunächst auf eine vergleichsweise Einigung der Parteien hinzuwirken. Es hat den dem Streit zu Grunde liegenden Sachverhalt zu ermitteln und vor Erlass des Schiedsspruchs die Parteien zu hören. Den äußeren Ablauf des Verfahrens trifft der Obmann. Dieser bestimmt über den Tagungsort und die Termine. Im übrigen regelt das Schiedsgericht das Verfahren nach freiem Ermessen.

Soweit der Schiedsvertrag keine abweichende Regelung enthält, gelten die Bestimmungen der §§ 1025 ff Zivilprozessordnung (ZPO), insbesondere über die Bildung des Schiedsgerichts (§§ 1034 f ZPO), über die Durchführung des Verfahrens (§§ 1042 f ZPO) und dessen Beendigung (§§ 1051 f ZPO).

§ 5 Beendigung des Verfahrens

Für die Abstimmung der Schiedsrichter und die Entscheidung des Schiedsgerichts gelten die §§ 194 ff Gerichtsverfassungsgesetz (GVG).

Wird der Schiedsspruch aufgehoben, ist erneut nach diesem Schiedsvertrag zu entscheiden.

Heidelberg, den .....

(Unterschriften sämtlicher Gesellschafter)

2. Erläuterungen des Schiedsvertrages

Das Gesetz zur Neuregelung des Schiedsverfahrensrechts vom 22. 12. 1997 (BGBl. I S. 3224) bietet eine einheitliche Regelung für nationale und internationale (auch Handels-) Schiedsverfahren (*Thomas/Putzo*, Vorbemerkung zu § 1025 Rn. 2).

Der Schiedsvertrag ist ein privatrechtlicher Vertrag. Die Parteien unterstellen in diesem die Entscheidung eines Rechtsstreits der Beurteilung eines oder mehrerer Schiedsrichter. Gleichzeitig schließen sie den ordentlichen Rechtsweg aus und anerkennen deren Schiedsspruch für bindend und maßgebend. Ein Schiedsvertrag kann einen bereits entstandenen Streit oder zukünftige Streitigkeiten, die sich aus der Abwicklung der Rechtsverhältnisse zwischen den Parteien des Schiedsvertrages ergeben können, betreffen.

Im schiedsgerichtlichen Verfahren sind vielfach nicht einzelne Rechte und Pflichten nach Rechtsvorschriften festzustellen, sondern im Wege der Billigkeitsentscheidung soll eine Generalbereinigung der beiderseitigen Beziehungen erfolgen.

Die Schiedsvereinbarung nach § 1029 ZPO bestimmt, dass ein Schiedsgericht anstelle der staatlichen Gerichte eine Rechtsstreitigkeit der Parteien entscheidet. Eine Schiedsvereinbarung (Oberbegriff) kann in Form einer selbstständigen Vereinbarung (Schiedsabrede) getroffen werden, die sich ausschließlich mit dem schiedsrichterlichen Verfahren befasst. Sie kann auch im Rahmen eines anderen Vertrages in Form einer Klausel geschlossen werden (Schiedsklausel). Letztere Regelung ist durch § 1031 Abs. V ZPO eingeschränkt. Ist ein Verbraucher beteiligt, muss die Schiedsvereinbarung in einer von den Gesellschaftern eigenhändig unterzeichneten Urkunde enthalten sein. Um eine Überrumpelung einer Partei auszuschließen, darf die Urkunde andere Vereinbarungen als solche, die sich auf das schiedsgerichtliche Verfahren beziehen, nicht enthalten (*Thomas/ Putzo* § 1029 Rn. 2 und § 1031 Rn. 3, 10).

Der Schiedsvertrag sollte die Zusammensetzung des Schiedsgerichts eingehend regeln; denn die Güte des Schiedsspruchs und dessen Anerkennung sowie die Durchführung des Schiedsverfahrens werden entscheidend von der Qualifikation des/der Schiedsrichter/s bestimmt. In der Regel besteht das Schiedsgericht aus drei Personen. Das vorstehende Muster gibt die in der Praxis überwiegend gewählte Form der Ernennung der Schiedsrichter wieder.

Der Schiedsspruch hat unter den Parteien die Wirkung eines rechtskräftigen gerichtlichen Urteils. Aus dem Schiedsspruch findet die Zwangsvollstreckung jedoch nur statt, wenn er durch das Gericht für vollstreckbar erklärt ist (§§ 1055, 1060 Abs. 1 ZPO). Die formelle Rechtskraft des Schiedsspruchs tritt mit Erfüllung aller Förmlichkeiten des § 1054 ZPO ein; das sind die schriftliche Abfassung mit Begründung und Unterschriften der Schiedsrichter. Ferner sind der Tag des Erlasses und der Schiedsort anzugeben. Schließlich muss der Schiedsspruch an die Parteien (gegebenenfalls an deren Prozessbevollmächtigte) übersandt sein. Eine Form ist hierfür nicht vorgeschrieben; empfehlenswert ist Einschreiben gegen Rückschein (gegebenenfalls auch schriftliche Empfangsbestätigung).

§ 1062 Abs. 1 Nr. 1–4 ZPO bestimmt abschließend und zwingend die erstinstanzliche Zuständigkeit der Oberlandesgerichte. Örtlich zuständig ist das Oberlandesgericht, das in der Schiedsvereinbarung bezeichnet wurde. Mangels Parteivereinbarung ist es das Oberlandesgericht, in dessen Bezirk der Ort des schiedsrichterlichen Verfahrens liegt (§ 1043 Abs. 1 ZPO). Der Antrag auf Vollstreckbarkeitserklärung ist begründet, wenn kein Aufhebungsgrund und keine berechtigte Einwendung bestehen. Mit Rechtskraft oder vorläufiger Vollstreckbarkeit wird der Schiedsspruch zum Vollstreckungstitel (§ 794 Abs. 1 Nr. 4 a ZPO).

F. Steuerliche Hinweise

Ob die GbR als Gesamthandsgemeinschaft oder die einzelnen Gesellschafter Steuerschuldner sind, hängt davon ab, um welche Steuerart es sich handelt. Auch kommt es darauf an, ob die GbR gewerblich tätig ist oder nicht. Die Gründung einer GbR ist nicht gesellschaftssteuerpflichtig; dies gilt auch dann, wenn alle Gesellschafter Kapitalgesellschaften sind (vgl. § 5 Abs. 2 Nr. 3 KVStG).

Grunderwerbsteuer

Die Einlage eines Grundstücks unterliegt der Grunderwerbsteuer (§ 1 Abs. 1 Nr. 1 GrEStG); dies ist auch der Fall, wenn Gesellschaftsanteile vereinigt werden (§ 1 Abs. 3 GrEStG).

Die GbR ist alleinige Steuerschuldnerin der Grunderwerbsteuer. Grundstücksübertragungen bei Familienangehörigen können von der Grunderwerbsteuer befreit sein (§ 3 Nr. 6, 7 GrEStG).

Wird ein Grundstück, das im Alleineigentum eines Gesellschafters steht, auf die GbR übertragen, wird die Grunderwerbsteuer in Höhe des Anteils nicht erhoben, zu dem der Veräußerer am Vermögen der Gesamthand beteiligt ist (§ 5 Abs. 2 GrEStG). Geht ein Grundstück der BGB-Gesellschaft in das Miteigentum mehrerer an dieser Gesamthand beteiligten Personen über, wird die Grunderwerbsteuer nicht erhoben, soweit der Bruchteil, den der einzelne Erwerber erhält, dem Anteil entspricht, zu dem er am Vermögen der Gesamthand beteiligt ist (§ 6 Abs. 1 GrEStG). Die Möglichkeiten günstiger steuerlicher Gestaltungen, wie die §§ 5, 6 GrEStG sie für Grundstücke und grundstücksgleiche Rechte bieten, haben ihre Grenzen in dem Gestaltungsmissbrauch oder in der Steuerumgehung (vgl. § 42 AO).

Gewerbesteuer

Eine gewerblich tätige GbR als Mitunternehmerschaft ist selbst Gewerbesteuerschuldnerin (§ 2 Abs. 1, 2 Nr. 1 GewStG). Mitunternehmerschaft liegt vor, wenn die Gesellschafter nach ihrer Stellung im Betrieb eine Unternehmerinitiative entwickeln können und wenn sie ein Unternehmerrisiko mittragen. Bei der Errechnung der Steuermesszahl nach dem Gewerbeertrag wird der Freibetrag auch nur der Gesellschaft gewährt (§§ 191 Abs. 4 AO, 5, 11 GewStG).

Einkommen- und Körperschaftsteuer

Die GbR unterliegt nicht selbst der Einkommen- und Körperschaftsteuer. Für einkommensteuerpflichtige Einkünfte sind die einzelnen Gesellschafter Steuerschuldner. Diese Einkünfte sind ohne Rücksicht auf ihre Art einheitlich und gesondert festzustellen (§ 180 Abs. 1 Nr. 2a AO). Betreibt die GbR ein gewerbliches Unternehmen, wird jeder Gesellschafter als Unternehmer (Mitunternehmer) angesehen (§ 15 Abs. 1 Nr. 2 GewStG). Der einzelne Gesellschafter mit seinem Anteil am Gewinn der Gesellschaft ist steuerpflichtig. Hinzu kommen eine etwaige Kapitalverzinsung und Sonderbetriebseinnahmen; zu letzteren zählen die von der Gesellschaft empfangenen Zinsen für gegebene Darlehen, die erhaltenen Mieten und Vergütungen (§ 15 Abs. 1 Nr. 2 EStG). Abzusetzen sind die Sonderbetriebsausgaben; hierzu gehören die Zinsen auf ein Darlehen, das zur Finanzierung der Einlage des Gesellschafters aufgenommen wurde; das Darlehen kann auch zur Finanzierung eines Wirtschaftsgutes aufgenommen sein, das der Gesellschafter der Gesellschaft durch Mietvertrag überlassen hat.

Umsatzsteuer

Die GbR ist grundsätzlich selbst umsatzsteuerpflichtig (§ 2 UStG), auch wenn ertragssteuerlich keine Mitunternehmerschaft besteht.

Sonstige Steuern

Bei den Realsteuern und den Verkehrs- und Verbrauchssteuern ist die BGB-Gesellschaft die Steuerschuldnerin. Die einzelnen Gesellschafter können daneben als Haftungsschuldner in Anspruch genommen werden.

Kraftfahrzeuge

In der Praxis hat es sich bewährt, die Kraftfahrzeuge im Vermögen der einzelnen Gesellschafter zu belassen. Damit bleibt jedem Gesellschafter die uneingeschränkte Verfügungsfreiheit über sein Kraftfahrzeug erhalten. Da die Gesellschafter ihre Kraftfahrzeuge betrieblich nutzen, werden diese steuerlich zum Sonderbetriebsvermögen der einzelnen Gesellschafter. In den aufzustellenden Ergänzungsbilanzen werden die Betriebskosten der Kraftfahrzeuge als Sonderbetriebsausgaben jedem einzelnen Gesellschafter zugerechnet. Dies gilt auch für die steuerlichen Absetzungen für Abnutzung (AfA).

Die Behandlung als Sonderbetriebsvermögen kann umsatzsteuerlich zum Verlust des Vorsteuerabzugs führen. Dies gilt nur dann nicht, wenn der Gesellschafter auch außerhalb der Gesellschaft Unternehmer ist.

G. Literaturverzeichnis

Baumbach/Hopt	Handelsgesetzbuch, 30. Aufl., 2000, Verlag C. H. Beck, München
Demharter	Grundbuchordnung, 24. Aufl., 2002, Verlag C. H. Beck, München
Habersack	Die Anerkennung der Rechts- und Parteifähigkeit der GbR und der akzessorischen Gesellschafterhaftung durch den BGH, BB 2001, 477
Münch	Die Gesellschaft bürgerlichen Rechts in Grundbuch und Register, Deutsche Notarzeitschrift (DNotZ), 2001, Seite 535 ff.
Palandt	Bürgerliches Gesetzbuch, 61. Aufl., 2002, Verlag C. H. Beck, München
Schmidt, Karsten	Die BGB-Außengesellschaft: rechts- und parteifähig, Neue Juristische Wochenschrift (NJW), 2001, Seite 993 ff.
Thomas/Putzo	Zivilprozessordnung, 21. Aufl., 1998, Verlag C. H. Beck, München
Ulmer	Münchener Kommentar, Bürgerliches Gesetzbuch, 3. Aufl., 1997, Verlag C. H. Beck, München
Waldner	Beck'sches Notar-Handbuch, 3. Aufl., 2000, Verlag C. H. Beck, München
Wessel/Zwernemann/ Kögel	Die Firmengründung, 7. Aufl., 2001, Verlag Recht und Wirtschaft, Heidelberg

Notizen